新しい可能性を示す
創作ミュージカルムーブメント！

ミュージカル
おにわらし

鬼童子

劇団・縁日座

◆上演場所　本町通り店　大阪市中央区本町3-3-8 B1F（つるやゴルフ隣・地下1階）

ブライトンベルカフェ

演ずるのは女性ばかり、公演場所は大阪市の中心、ビジネス街の本町。それもカフェ！レッスンもティーとケーキ付。

2010年8月26日（木）　27日（金）　28日（土）

14：30開場
15：00上演

上演後お客様と出演者とのお食事交流会
16：00～17：00

作詞 山路洋平　脚本・演出 溝江玲子

料金
一　般　3,500円 ※飲み物と食事代込み
5歳～小学２年生
子ども　2,000円 ※ケーキ飲み物代込み

チケットのお求めは
TEL0743-52-9515　溝江玲子

「ミュージカル鬼童子」　初演（2010年・ブライトンベルカフェ）

鬼童子～ミュージカルおにわらし～

STORY　雷鳴と共に落ちてきた鬼の子どもの鬼童子（おにわらし）。人間の子どものケンちゃんと出会って、友だちになります。しかし、鬼童子が見えるのはケンちゃんだけ。そして節分の日、事件が……梅の精、月の精、松の精、さらにカッパまで出てきて、事態は思わぬ方向に！
自然と人間との関わりが、静かに深く染み入って感動を呼ぶミュージカルをお楽しみに！

上演日：5月6日（日）
開場：13時30分
上演時間：14時00分～15時30分

場所：大阪歴史博物館
地下鉄（谷町線）谷町4丁目駅②番出口より徒歩4分
大阪市中央区大手前4－1－32（NHK隣）

■【配　役】■

鬼童子	平田桜子
ケン	寺脇暁子
父	大口彰子
母	薬谷礼子
梅の精	岡本梓
月の精	溝江玲子
松の精	吉田幸枝
カッパ	若林ひでみ
踊り子・雪の精	山崎芳枝・薬谷礼子・桑原靖子
	（子役）齋藤絵海梨・渡佳玲奈・渡世莉奈
踊り子・梅の精	高畑妙子・大野園子・野田益代
	（子役）橋口久美子
踊り子・桃の精	大口彰子・祐仙淳子・黒田淑子
踊り子・星の精	大西洋子・西川睦子
ナレーター・森の精	林千代子

■【特別出演】■

日本マーキュリー歌手・寺脇暁子　シンガーソングライター・福光潤

■【スタッフ】■

作詞 山路洋平・平田桜子・溝江玲子　作曲 豊田光雄　歌唱指導 森川和男　脚本・演出 溝江玲子
監督 北尾利晴　助監督 藤岡美千代　伴奏 米澤明子・吉川裕理子　衣装 平田桜子　振付 南想子
ダンス指導 山崎芳枝

劇団・縁日座

料金
一　般：2,500円
子ども：1,500円

○チケットのお求めは：0743-52-9515　溝江玲子

新しい可能性を示す
創作ミュージカルムーブメント！

ミュージカル おにわらし 鬼童子

◆上演場所　大阪市中央区大手前 4-1-32（NHK隣）
地下鉄谷町線谷町４丁目駅２番出口より徒歩４分

劇団・縁日座

大阪歴史博物館

2012年5月6日（日）

13：30開場
14：00上演

料金
一　般　2,500円
5歳〜小学２年生
子ども　1,500円

作詞 山路洋平　脚本・演出 溝江玲子

日本マーキュリー歌手・寺脇暁子

シンガーソングライター・福光潤

チケットのお求めは
TEL0743-52-9515　溝江玲子

「ミュージカル鬼童子」　再演（2012年・大阪歴史博物館）

「ミュージカル鬼童子」 初演・2010年 舞台裏&レッスン、ほか

「ミュージカル鬼童子」 再演・2012年 舞台裏&レッスン、ほか

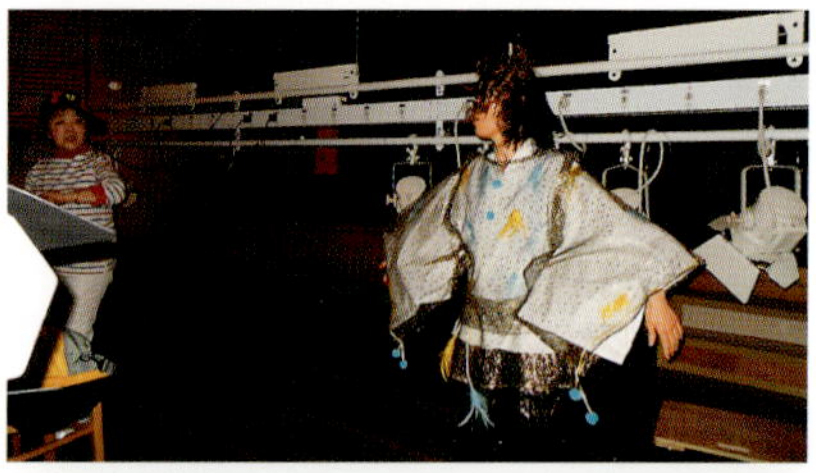

音楽コーダでダンシングポーズ決まる。
と——、突如、天変地異が。

SE——雷鳴

稲妻が走る。

子どもたち、悲鳴をあげてバラバラにそれぞれが逃げまどう。

鬼童子、下手より登場。

中央に奇妙な身形《みなり》の少年が、独りうずくまっている。鬼童子である。童子がすすり泣いている。

ケンが恐る恐る上手より戻ってきて童子を認め声をかける。

ケン　……キミ、キミ、どうしたの？
童子　（泣きじゃくりながら立ち上がり）お、お父さんが、お母さんがいない！
ケン　え？　迷子なの？　どこからきたんだい？
童子　山から降りてきたんだけど、道に迷ってる内に、はぐれちゃったんだ（大泣き）
ケン　ほら、泣かないで……（ポケットからハンカチ、涙拭いてやる）

童　子　お山の木がどんどん切られてなくなって（泣く）、仕方なく、ボクたち、山から出てきたんだ。
ケ　ン　ずっと山にいたの？　その、頭にくっついてるのは？
童　子　ボク、鬼の子どもなんだ。
ケ　ン　お、鬼の？
童　子　鬼わらし、っていうんだ。ボクたちにはみんな角が生えてるけど、キミにはないんだねぇ。
ケ　ン　当たり前だい。ボクは、ケンっていうんだ。友だちはケンちゃん、って呼ぶけど。
童　子　じゃあボクも……、ケンちゃん。
ケ　ン　なんだい？　オワちゃん。
童　子　オ、オワちゃん？
ケ　ン　鬼わらしをちぢめたら、オワちゃんだろ？
童　子　あっ、そうか。ねぇ、ケンちゃん。ボクのおゝゝ父さんとおゝゝ母さんはどこにいるんだろう（心配げに）。
ケ　ン　一緒に探してあげるよ。
童　子　えっ、ほんと？
ケ　ン　ウン。その前に、お腹がへってるだろう。ボクンちにおいでよ。
童　子　いいの？

ケン　ウン。ボクは恥ずかしがりやで、友だちがいないんだ。ほんとは、欲しかったんだ、友だち。

童子　友だち、かぁ……友だち、っていい響きだなぁ（嬉しそうに）、い、い、友だち……

二人でＭ②を歌う。

Ｍ②──『友だち』

友だち
初めまして　ケンちゃんです
友だち
初めまして　オワちゃんです
友だち　友だち　仲良しこよし
意見が違って　言い合いしても
それが　友だち　それが　友だち
ケンカもしないと　ケンカもしないと
友だちじゃない

仲よくケンカしよう
友だち

二人歌いながら舞台袖寄り（あるいは客席通路）に移動するとメイン舞台の照明F・Oし、スポットで二人を捉える。
音楽コーダで照明F・O。
暗転すると鬼童子とケン、ハケる
（※椅子をセッティング）

S2　親ごころ

ケンの家の居間――テーブルと椅子がある。
M③イントロ音が終わり、照明F・Iするとケンの両親が下手より出てきて
M③（A）を歌う。

M③（A）―『あの子』

母　スヤスヤと　スヤスヤと
　　この腕のなか　あの子
父　お風呂のなかで　気持ちよく伸びをして
　　ポッカリ　ウンチを浮かべたり　あの子
二人　ハイハイ　ヨチヨチ　歯がはえて　あの子
父　キャッチボールの相手に　あの子
母　宿題の忘れん坊　あの子
二人　どこにでもいる　普通の元気な男の子

母　だけど　ときどき　遠くを見てる
父　普通では見えない　遠くを
母　そして　ひとりぼっち
父　友だちも　いなくて
二人　それが　ちょっぴり　心配ね　あの子

歌い終わると、ケンが童子を連れてくる——が、両親には童子の姿は見えない。

ケン　（上手より出て来ながら）ただいま。
母　お帰り。また、ひとりぼっちで遊んでたの？
父　ケン坊。待ってたんだぞ。今日は節分の豆まきを一緒にしよう、って約束したろう？
ケン　ああ、今夜は節分かぁ。ごめん、友だちができて。
父　ほぅ、友だちが。（喜色で）そうか、そうか。
ケン　それで、遅くなって、一緒に連れてきたんだ。
母　一緒に？　って、どこに？
ケン　え？　ここに……。

童子　（ケンを引っ張り）ねぇねぇ、ケンちゃん。きっと、キミにしかボクが見えないんだよ。
ケン　へぇ、そうなのかぁ……じゃあ、ボクの部屋にいこう。

童子を引っ張って小走りに去る。

父　おい、ケン坊！
母　ちょっと、ケンちゃん！

二人、舞台袖寄りに追い、我が子に思い巡らせてM③（B）後半を歌う。

M③（B）―『あの子』（後半）

二人　どこにでもいる　普通の元気な男の子
だけど　ときどき　遠くを見てる
普通では見えない　遠くを
そして　ひとりぼっち
友だちも　いなくて

それが　ちょっぴり　心配ね　あの子

音楽コーダで照明F・0。
暗転すると両親はハケる。
（※『ケンの部屋』に椅子をセッティング）

S3　豆まき

M④―『ケンのかぞえ詩《うた》』

ひとつ　いつも一人で遊んでた
ふたつ　不思議な不思議なことがある
みっつ　見えないものが見えてくる

よっつ　呼んだら聞こえる風の声
いつつ　いつか誰かと出会ったら
むっつ　夢中になって遊びたい

ななつ　泣虫小虫はきらわれる
やっつ　やさしい風がお山から
ここのつ　心に春をつれてきた

とおで　友だち見つけた

ケンがハケた後、童子出てくる。
ケンの部屋。
照明Ｆ・Ｉすると、童子が珍しそうに部屋を眺めている。

童　子　……へぇ……人間の子って、こんな勉強部屋を持ってんのか、いいなぁ。

椅子に寝そべって――。

童　子　……こんなところで勉強しているのか。いいなぁ……それに、お父さんと、お母さん、とっても優しそうで、いいなぁ。

と――、突然、両親の罵声。

父の声　バカヤロー！
母の声　いい加減にしなさい！
童　子　わ～（飛び上がる）怖ぁ！　優しくないんだ。

（聴き耳を立てる）

父の声　ケンと約束したから、節分の豆まきを一緒にしよう、って約束したから、父さんは部長に「一杯どうだい」の誘いを断って、ワザワザ早く帰ってきたんだぞ！

母の声　それに、晩ごはんも食べないで、そんなにお菓子をいっぱい抱え込んで、どうするつもり！

ケンの声　（泣きながら）友だちのためなんだ。

童　子　ケンちゃん……。

父の声　友だちなんか、どこにもいないじゃないか。

ケンの声　（泣きながら）いるよ、いるよ、いるんだよぉ！

童　子　ケンちゃんに悪いことしちゃったなぁ……。でも、どうしてケンちゃんにだけ、ボクが分かるんだろう……。

ケンがスナック菓子の袋を抱えて走り込んでくる。

ケ　ン　お待たせ、オワちゃん。

童　子　ボクがいると、迷惑じゃないの？

ケン　平気へいき。お腹すいたろう。（スナック菓子を差し出す）
童子　ありがとう。美味しそう！
ケン　食べながら、絵本でも見よう！

二人、椅子に座り、
スナック菓子を頬ばりながら絵本を見始める。

M⑤—温かムード

暫し、穏やかな温かいムード。
が——、突如その静寂を破る両親の豆まきが始まる。

父　鬼は外！

童子、驚愕して絵本とスナック菓子を抛り出す。

母　福は内！
父　鬼は外！

ケン　（童子を庇い）やめて、やめて、やめろ！

M⑥―『鬼は外』（ダンス）アップテンポの曲

（豆の音）

両親に続いて、大勢の大人や子どもが升を手に手に豆まきしながら乱入。ケンと童子は豆まき連の渦に巻き込まれて離れ離れとなる。

やがて――、汐が引くように豆まき連は去り、童子ひとり取り残される。

童子　どうして、ボクはいじめられるんだ！　お父さん！　お母さん！（泣く）　ケンちゃん！　助けてぇ！

M⑦―ブリッジ（ペーソス）

―F・O―

S4　宇宙の輪

〔ナレーション〕

友だちがいなくて、いつも一人で遊んでいたケンちゃんは、親にはぐれて泣いていた鬼の子・オワちゃんと友だちになって家につれて帰ったのです。ところがその日は丁度節分、オワちゃんは、豆をぶつけられて逃げ惑っているうちにケンちゃんともはぐれ、梅の林に迷い込みます。そこでは梅の精たちがいい香りを漂わせていました。雪の精たちは、雪を降らせる準備をしています。まもなく雪と花の舞、雪花の舞が始ります。今しばらくピアノの演奏に耳を傾けて下さい。梅の精たちのささやきが聞こえてきますでしょうか。

M⑧―雪花の舞

M⑦音アタマで照明C・I。

花の精が次のようなカンパニー（仲間）で板付き。
（A）雪の精
（B）梅の精
（C）桃の精
｝カンパニー（各3名ずつ）

雪花の舞の前奏始まると、雪の精の子ども達右袖から走り出て中心で雪をまき、ハケる。

①（A）が（B）に絡むと梅の開花のダンス。

粉雪サラサラ　降らしてあげよ
綿雪ふわふわ　降らしてあげよ

②（A）が（C）に絡むと桃の開花のダンス。

粉雪サラサラ　お空に帰ろ
綿雪ふわふわ　お空に帰ろ　帰ろ

③各カンパニーがうしろに控える。
あかりが変化すると童子が出てくる。

M⑨―わらしこサンバ

ぼくは山からおりてきた　迷子の迷子のおにわらし
さとのおきてを知らなくて　豆におびえて逃げまどう
森のくすのき恋しいな　どんぐり　しいの実　やまぶどう
さわの大岩とびながら　月と遊んだ夜もある　ヘイ！
サンバサンバわらしこ　サンバサンバわらしこ（繰り返し）
わらしこサンバ　サンバ

ぼくは山からおりてきた　迷子の迷子のおにわらし
お山をこわした人たちは　知らんぷりをしてるけど
森の仲間が泣いている　きつつき　野うさぎ　月の輪ぐま
吊橋こえた風んこが　こだまをつれて　呼びにくる　ヘイ！
サンバサンバわらしこ　サンバサンバわらしこ（繰り返し）
わらしこサンバ　サンバ　オレ!!

歌の終わりに雪の精の子ども達出て、くるくる回って後ろに控える。

童　子　（と見こう見して）……なんてきれいなところなんだろう……いったい、ここはどこなの？

梅の精の子ども、梅の枝もち走り出る。鬼童子に気が付き。

梅の子　あら、あんた誰？
鬼童子　ボクは鬼わらし。
梅の子　鬼わらし？　わらしって何？
鬼童子　わらしって、子どものこと。鬼の子どもだい。
梅の子　わたしは梅の精の、えーと、えーと、赤ちゃんよ。
梅の子　（客席に手を振り一回りしてハケる）また来るからねー。

梅の精が登場。

梅の精　お花の国にようこそ。

童　子　お花の国？　どうして、こんなところに迷い込んだんだろう……。
梅の精　迷い込んだのではありません。風に誘われ花に誘われ、だれでも美しいところが大好きでしょう？
童　子　だけど……ケンちゃんと、はぐれてしまって……せっかく、いい友だちができて、喜んでたのに（泣く）……。
なのにいきなり「鬼は外！」って豆をぶつけられたんだ。
梅の精　みんな、あなたが見えなかったんだわ。あなただけを目がけたんじゃない。
童　子　ボクは、悪いことなんか、これっぽっちもしてないのに、なんで「鬼は外」なの？
ボクは、これまで人間に会ったこともないのに。
梅の精　鬼は心の中に巣くう悪者。きっと人間はそう信じているからでしょう。
童　子　鬼って、嫌われてるんだね。ボク、豆を投げつけられるまでしらなかった。
梅の精　驚いたでしょう、可哀想に。
童　子　きっと、この角がいけないんだ。ケンちゃんにはなかったもんな。えぇいッ、こんなもの！（角を抜き取ろうとする）
梅の精　お止めなさい！　鬼にとって大切な角を。
童　子　どうして、大切なの？
梅の精　鬼の誇りの標《しるし》なのですよ。
童　子　ええっ？

梅の精　この角で人間の心を突くと、良い心にも悪い心にもなるの。だから、ほんとうは人間も角が欲しいの。

童　子　えっ、そうなの？

梅の精　だけど、いくら欲しがっても、人間には角は生えません。人間の角は心の中にあるのですから。

童　子　なんでもよく知ってる。いったい、あなたはどなたですか？

梅の精　わたしは、梅の精。

童　子　梅の精……いい匂いがすると思った。

梅の精　でも、人間には見えません。だけどケンちゃんという子は、あなたに気がついていたのね。

童　子　お話もしたよ。友だちになったんだ。

梅の精　人間の中にも、あなたやわたしが分かるひともいるわ。ちょっぴり、寂しがり屋サンで、正直で優しいひとならね。

童　子　それってケンちゃんに、ぴったりだ。

M⑩――梅の精のソロ

この世の中に、

汚《けが》れのない純な心、
真直ぐな心で物事を見るひとが、
そんな人間は、本当に少なくなってしまったわ。
そのうちにいなくなってしまうかも知れないと、
そんなことを思っていたの。
でも今あなたに、あなたのお友だちの話を聞いたから、
希望が湧いてきたわ!
ああ、これを見てご覧なさい。
(梅の精、懐から銀色の手鏡を取り出す)
ああ、思ったとおりよ。
(梅の精、手鏡をかざして)
さあ、これを覗いて見るのです。
(手鏡を童子に見せる)

銀色の手鏡を童子と一緒に観る。

童子　あっ、ケンちゃんが見える!
(手鏡を受け取り、かざして)鏡の中のケンちゃんがボクを探してる!

梅の精　ね。ケンちゃんて子は、あなたの角を怖がってないからよ。

（手鏡を梅の精に返す）

童　子　そうさ。友だちになったんだもん。

梅の精　いいお友だち……。ケンちゃんに逢いたい？

童　子　そりゃあ……。

梅の精　ケンちゃんのお部屋に戻りたい、と思ったら戻れるわよ。

童　子　えっ、ほんとう！

梅の精　ケンちゃんもあなたも、友だちでいたい、と思うならね。

童　子　ケンちゃーん！　ボク、ここにいるよー！　ボクたち、友だちだねー！

「ケンちゃーん！」「ケンちゃーん！」と連呼し走り回る。

梅の精　これ、落ち着きなさい！　お友だちはケンちゃんだけじゃないわ。優しい心の持ち主ならみんな仲よくなれるのよ。

M⑪—横笛＋舞の曲

梅の精の吹く横笛の音に誘われて、松の大樹の後ろから松の精老人が現われる。

松の精　久しぶりじゃのう、お梅さんの横笛を聴くのも。美しい音色に誘われて、つい出てきてしまったのじゃ。

童　子　おじいさんは、だれなの？

M⑫—松の精のソロ

わしか？
わしは老松《おいまつ》　松の精
懐かしい笛の音《ね》に
来てみれば
これは　なんと　童子《わらし》っこ（繰り返し）

童　子　わぁいっ。松の精のおじいさんとも、お話ができるんだぁ。

雪の精　あら、

全　員　わたしたちだって、お話ができるわよ。

童　子　わぁいっ。だれとでも、お話できるんだぁ、だれとでもっ。

梅の精が横笛を奏でる。

M⑬―横笛

横笛に誘われるように星の精、舞いでる。
（月の精の曲の前奏、または間奏部分）

星の精　お出ましじゃ、お出ましじゃ、月の精様のお出ましじゃ。

月の精が登場――照明が月光色に輝く。

花の精　まぁ、月の精様がいらっしゃいましたわ。
松の精　こんなところまで、よう降りて来てくださった。

カンパニー一同平伏。

月の精　花の精たちは、わたくしの光に映えて誠に美しく、松の精も若々しゅうて何より……。みなに逢いとうて降りてきました。

童　子　（低頭して）初めてお目にかかります。

月の精　おや。

M⑭―月の精のソロ

おお　小さいの!
頭に可愛い角がある
さてはさては　鬼わらし

童　子　ボクのような者の話すことが、お分かりになるのですか?

月の精　もちろんですとも。
わたしたちは、宇宙のありとあらゆるものと
話ができるのです。

童　子　素晴らしいなあ!　宇宙の全部とお話ができるなんて!

月の精　ね、素晴らしいでしょう。

わたしたちは、宇宙のありとあらゆるものと
話ができるのです。
だけど、だけど、
ただ一つ、人間だけは
そうはいかないと思っていた。
（間奏）
ところが、ところが、
梅の精の手鏡を見て、わたしは嬉しくて
ここまで降りてきたのです。

感動して、花々の精たちと手を取り合っていると——。

M⑮—ミステリアスコード

M⑮に乗ってカッパの精が出現し、一同騒然となる。

カッパ　エッヘン、オッフォン（大層な咳払いして威嚇睥睨し）……なーにが、宇宙のあ

りとあらゆるものじゃぞい！
（月の精を指差し）このぅ、ええカッコしいめが！
カッパ　（今度は梅の精を威嚇し）なーにが、宇宙と一体じゃい！（小突く）えっ、えっ、えぇっ！
月の精　この無礼者！（星の杖でカッパの皿を叩く）
カッパ　アいたた、ゴメンナサイ（頭をかかえて逃げるが、一回りすると）
松の精　これ、いい加減にしなさい。

カッパは制止を無視して童子と対峙。

カッパ　おい、鬼童子、甘い言葉につられちゃいかんぞい！
童　子　おっさん、誰？
カッパ　お、おっさん！　気安くいうな。わしゃカッパじゃあ。
童　子　カッパのおっさん。
カッパ　おっさんは、いらん。ただのカッパじゃ。
童　子　じゃあ、ただのカッパのおっさん。

カッパ、地団駄踏んで悔しがり、自己紹介を歌う。

M⑯—『カッパカッパ』カッパのソロ

ンもぅっ　じれったい
カッパ　カッパ　カッパパ
カッパ　カッパ　カッパパ
ただのカッパのおっさんじゃない
ただのカッパ
普通のカッパ
偉いカッパ
物知りカッパ
カッパ　カッパ　カッパパ（繰り返し）
カッパ　カッパ　カッパパ（繰り返し）

童　子　ご苦労さま。分かりましたよ。そんなに偉くて物知りカッパなら、ケンちゃんを知ってる？
カッパ　ケンちゃん？　なんじゃ？　そいつ。
童　子　人間の男の子。

カッパ　ぎゃひーん！　に、人間じゃとー！　に、人間はいかん、いかんっ！
童　子　どうして？　なんで、なんで？

カッパ、飛び跳ねながら——。

カッパ　人間は怖い、人間は怖い！
童　子　うそだ、うそだ。話せば分かるのに。
梅の精　わたくしたちと話のできる人間もいるわ。
カッパ　わしゃ、人間なんかと話しとうない、話しとうない！
(カッパ、飛び跳ねまくりながら）ああ、わしは人間と話しなんかせん、絶対にせんぞ！
(頭を抱えてうずくまり号泣し）おぉう、おぉう、人間は、わしのことを恐い恐いと言いおる。しかし、わしのほうが人間が怖いんじゃぁ！

童子、カッパの背中をなでてやると、カッパ徐々に泣き止む。
一同安堵し、梅の精が彼方を指し——。

梅の精　あ、人間の子が！

一同、注目する。

ケンの声　おーい、オワちゃーん！　オワちゃーん！

童子、驚喜を体現。

M⑭―感動　月の精の曲

ケンが、「オワちゃーん！」と叫びながら走りくる。

童　子　ケンちゃん！

ケ　ン　オワちゃーん！

二人、ヒシと抱き合う。

感動音楽高揚して、次のM⑰のイントロとなり、それぞれ歌う。

M⑰—『宇宙の輪』

月の精　人間でも
　　わたしたちの声が聞こえる人がいる
梅の精　人間でも
　　わたしたちの声が聞こえる人がいる
全　員　聞いて　聞いて
　　わたしたちの声に　耳をすませて（繰り返し）
ケ　ン　ボクたちは友だち
童　子　キミは、ボクを探し回ってくれた
　　友だち
梅の精　友だちから友だちへ　輪が広がる
全　員　友だちから友だちへ　輪が広がる
全　員　宇宙の　あらゆるものと
カッパ　宇宙の　あらゆるものと
ケ　ン　ボクたちは　友だち
童　子　そして、キミは、ボクを探してくれた

全　員　宇宙の　あらゆるものと
　　　　宇宙の　あらゆるものと　友だち
ケ　ン　オワちゃん。キミに会えてよかった。
童　子　ボクも……迷子になってよかったよ。
ケ　ン　そう、キミが迷子にならなかったら会えなかったよね。

月の精（主催者）挨拶。

ケンと童子を輪の中央に納め、全員で幕開きの『迷子』の1コーラスを歌い踊る。
2コーラスの間奏で客席に降り、客席の間を通って扉から出る。

お客様のお見送り。

―END―

F
F7
Dm
（全）
うちゅうの　あらゆるものと　うちゅうの
8va bassa
F7/E♭
C7/E
Faug
B♭
C♯dim/B♭
F/C
あらゆるものと　ともだち
8va bassa

♩=106 ca.
2.
G G7 C C7 F F7
わ が ひ ろ が る
う ちゅ う の あ ら ゆ る も の
2.
Dm F/E♭ C/E F
と （カッパ） う ちゅ う の あ ら ゆ る も の と
F/C F/C Am/C F/C B♭/D
（ケン） ボ ク た ち は と も だ ち
（童） そ し て キ ミ は
Am/E Cdim/E♮ F B♭/F Cm C7
ボ ク を さ が し て く れ た

Dm A7 A7 Dm A7 Dm
こ え に み み を す ま せ て す ま せ て
8va
8va bassa
8va bassa
G7 C G7 C
♩=106 ca.
♩=106 ca.
C F Am Dm7 G7/D Am C6
mf
(ケン) ボクたちは ともだち (童) キミは ボクを さがしまわって く れ た ともだち
mf
C F 1G F
1(梅) 2(全) と も だ ち か ら と も だ ち へ わ が ひ ろ が る
1.

宇宙の輪

溝江玲子　作詞
豊田光雄　作曲

カッパカッパ

カッパのソロ

山路洋平　作詞
豊田光雄　作曲

「カッパカッパパー」の個所、くり返してうたっても可

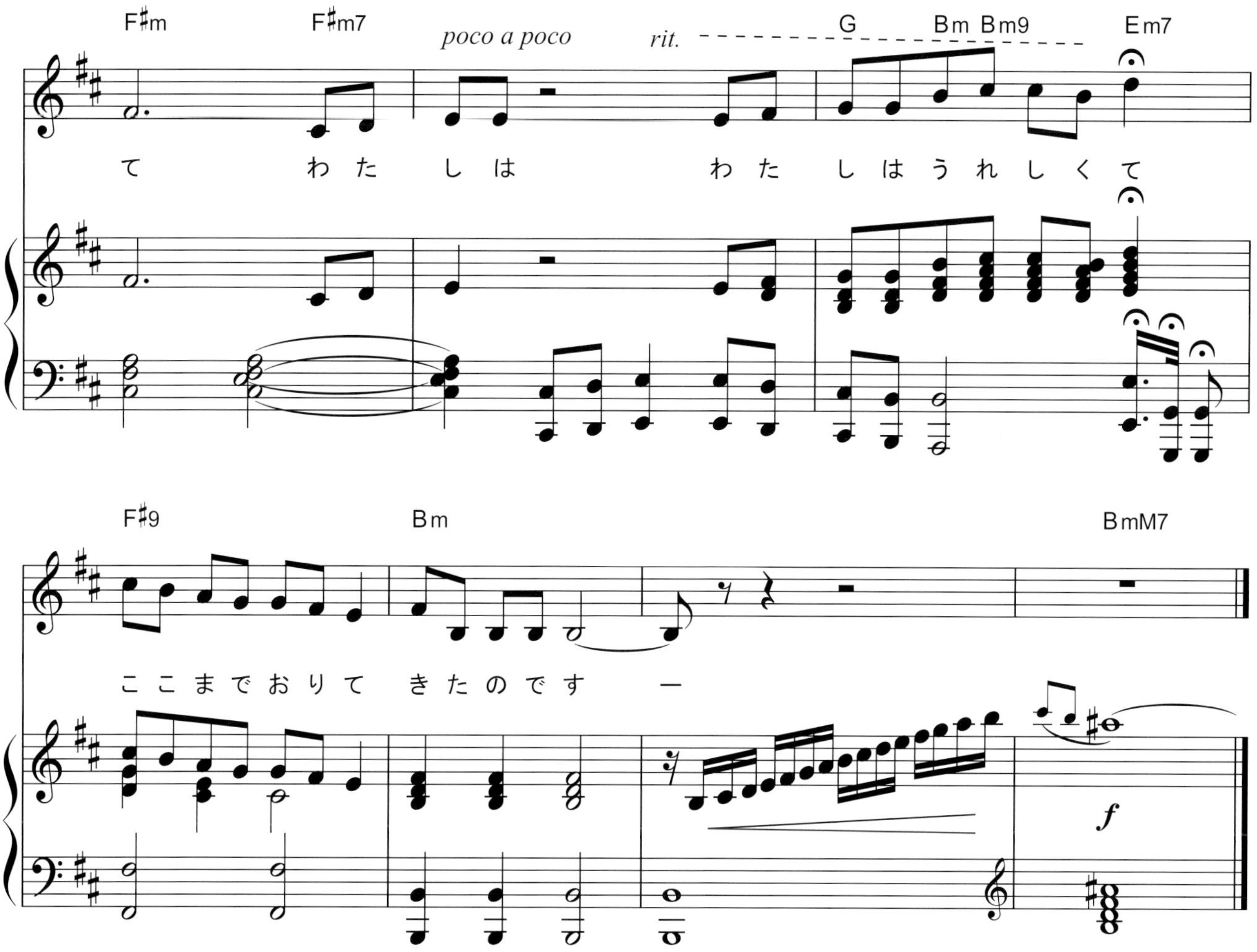
F♯m F♯m7 poco a poco rit. G Bm Bm9 Em7
て わ た し は わ た し は う れ し く て
F♯9 Bm BmM7
こ こ ま で お り て き た の で す ー
f

A A7 D A
1. Bm
うちゅう の ありとあらゆる も の と はなしができるの で す
「素晴らしいな 宇宙の全部と お話ができるなんて」
1.
「ねえ素晴らしい でしょう」
2.
Em B7 Bm7 Cdim
で す だけ ど だ け ど ただ ひ と つ 人 間 だ け は
2.
D Em Eaug/C♯ F7 Bm F♯7 C♯dim
そ う は い か な い と お も っ て い た
f
8va
Cdim G D Bm G♯9
と こ ろ が と こ ろ が う め の せ い の て か が み を み

月の精のソロ

溝江玲子　作詞
豊田光雄　作曲

松の精のソロ

溝江玲子　作詞
豊田光雄　作曲

E♭ G7 Ddim Gm/D
きいたか ら きぼうが わいて きた
Cm Fm Fm/D
わ あ あ これを み て ごらんな さ
G7 E♭
い あ あ おもったとお り よ
B♭ Cm G7
さ あ これをのぞいて みるのです
5

Cm Fm Gm B♭7
ー そんなにんげんは ほん とう に すく なく なっ て
E♭ Cm Gm Cm/G
し まっ た わ そのうち に い な く なっ て し ま う か も し れ な い
B♭7 Fm E♭ Cm
と そ ん な こ と を おもっていたの
Fm Cm
で も い ま あ な た に あ な た の お と も だ ち の は な し を ー

梅の精のソロ

溝江玲子　作詞
豊田光雄　作曲

わらしこサンバ

（童子のソロ）

平田桜子　作詞
豊田光雄　作曲

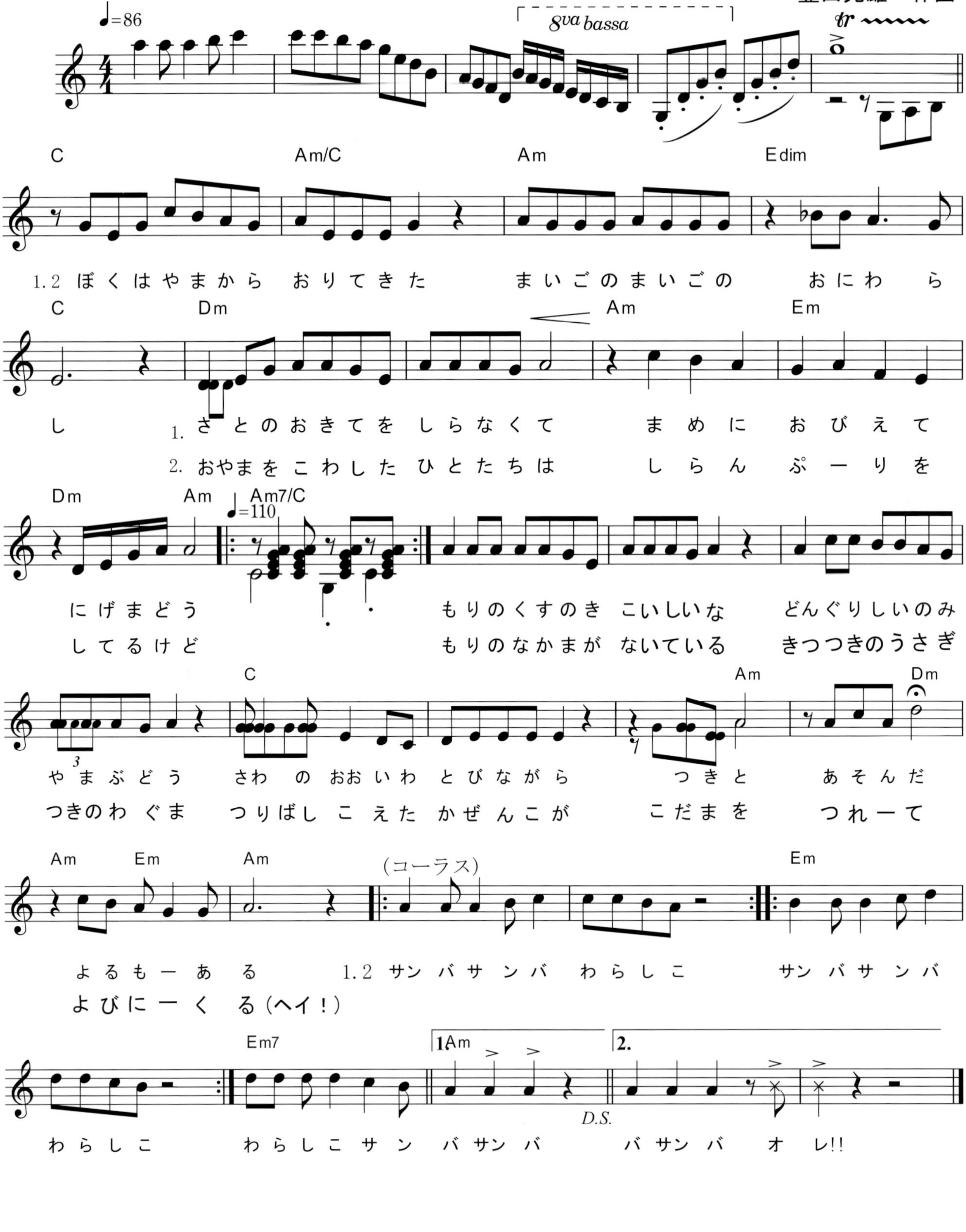

（伴奏フリー）

55（10）

雪花の舞

溝江玲子　作詞

豊田光雄　作曲

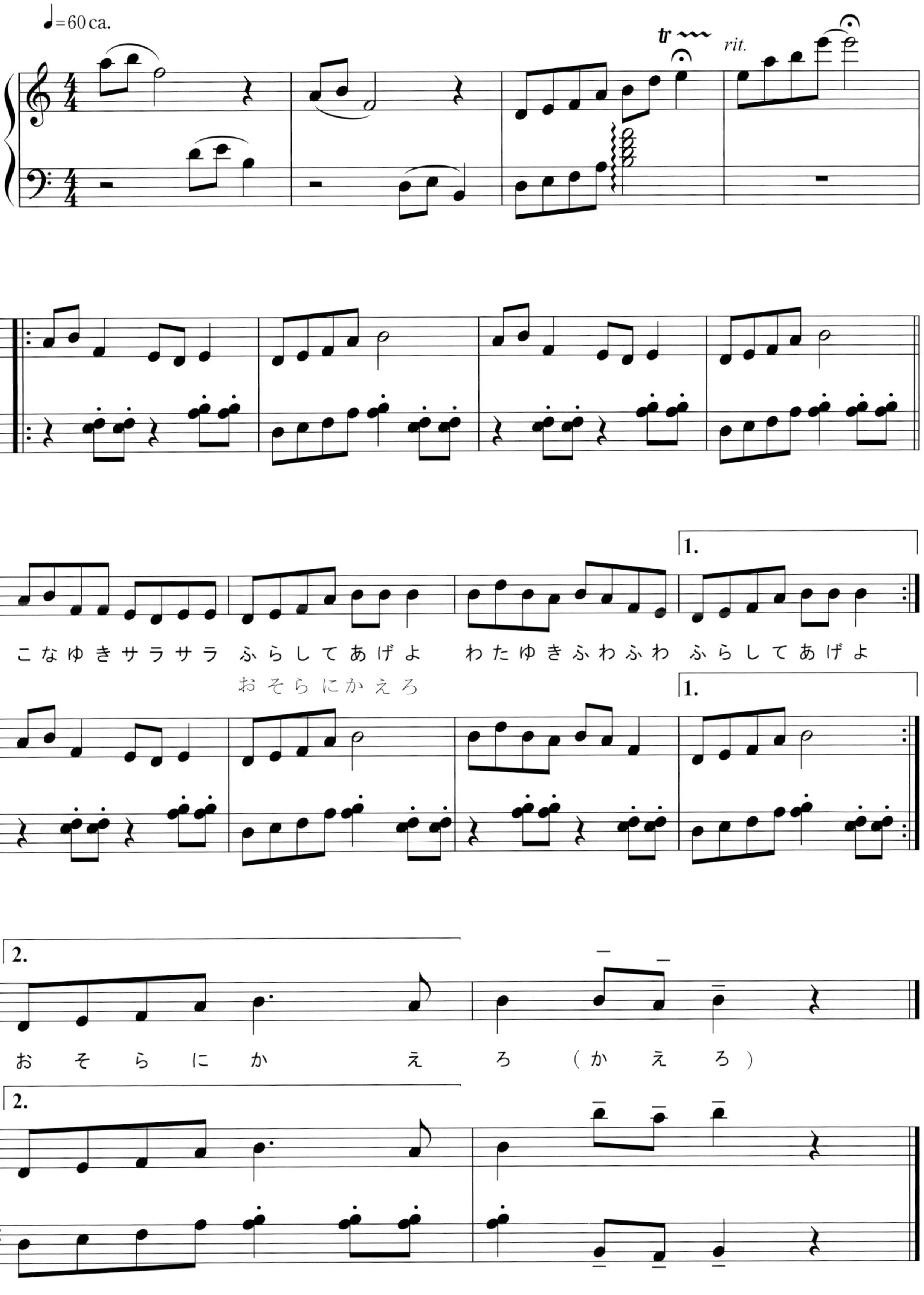

Am Em F G7 C
みーつみえないものがみえてくる
むーつむちゅうになってあそびたい
ここのつこころにはるをつれてき
8va
meno mosso
f
C F D7/F♯ G C/G
rit. meno mosso
たとおでともだちみつけ
a tempo
C
た
Piu mosso
8va

ケンのかぞえ詩《うた》

平田桜子　作詞
豊田光雄　作曲

Em Am Dm D7 G
(母) だ け ど と き ど き と お く を み て る
G Em G
(父) ふ つ う で は み え な い と お く を
C Em G7 C
(母) そ し て ー ひ と り ぼ っ ち (父) と も だ ち も い な く て (二人) そ れ
D Em Am Em
が ちょっ ぴ り しん ぱい ね あ の こ あ の こ
rit.
8va

F C Am7 Am
(二人)ハ イ ハ イ ヨ チ ヨ チ はがはえて あ の 子
C Am7 Am F F6
(父) キャッ チ ボ ー ル の あ い て に あ の 子 (母) しゅ く だ い の
G
わ す れ ん ぼ う あ の こ
(二人) ど こ に で も い る ふ つ う の げ ん き な お と こ の こ

あの子

山路洋平　作詞
豊田光雄　作曲

基本的にはテンポルバート

友だち

山路洋平　作詞
豊田光雄　作曲

迷　子

山路洋平　作詞
豊田光雄　作曲

(3)のあと、D.Cで(A)にもどり2番カッコでFine　　オープニングでは、しの笛で最初の4小節を演奏の後Pfで(A)から始め幕開き

鬼童子・楽譜

作曲　豊田 光雄